"Algumas coisas nunca mudam, como a natureza humana e a necessidade de interagir com eficiência. Para atingir um nível de excelência como líder, é imprescindível saber lidar com os outros."

"As pessoas que mais nos impressionam e que mais exercem influência positiva sobre os outros têm uma qualidade em comum: são excelentes comunicadores."

APRENDA A SE COMUNICAR COM HABILIDADE E CLAREZA

24 técnicas para tornar sua comunicação mais eficiente e seu dia-a-dia mais produtivo

Lani Arredondo

SEXTANTE

Título original: *Communicate Effectively*

tradução: Antônio Moura
preparo de originais: Alice Dias
revisão: Ana Grillo e Sérgio Bellinello Soares
diagramação: Marcia Raed
capa: Retina 78
impressão e acabamento: Yangraf Gráfica e Editora Ltda.

CIP-BRASIL. CATALOGAÇÃO-NA-FONTE
SINDICATO NACIONAL DOS EDITORES DE LIVROS, RJ

A799a

Arredondo, Lani
Aprenda a se comunicar com habilidade e clareza / Lani Arredondo [tradução de Antônio Evangelista de Moura]. – Rio de Janeiro: Sextante, 2007.

Tradução de: Communicate effectively
ISBN 978-85-7542-333-2

1. Comunicação na administração. 2. Comunicação nas organizações. I. Título

CDD: 658.45
07-3495 CDU: 65.012.45

GMT Editores Ltda.
Rua Voluntários da Pátria, 45/1.404 – Botafogo
22270-000 – Rio de Janeiro – RJ
Tel.: (21) 2538-4100 – Fax: (21) 2286-9244
E-mail: atendimento@esextante.com.br

SUMÁRIO

COMUNICAR-SE REQUER CUIDADO

A comunicação nunca foi tão rápida e fácil. Temos celulares, pagers, correio de voz, e-mail, fax, videoconferência, salas de bate-papo na internet... Com toda essa tecnologia, podemos nos comunicar com praticamente qualquer pessoa em qualquer lugar e a qualquer hora. Porém, fica uma pergunta: estamos nos comunicando melhor?

No local de trabalho nos deparamos com conflitos causados por falhas na comunicação. Mal-entendidos ocorrem. Os boatos se espalham. Surgem as discussões e, a reboque, os problemas.

Em qualquer lugar vemos tantas confusões que somos obrigados a concordar com Paul Newman no filme *Rebeldia indomável*: "É tudo uma questão de falhas na comunicação." E muitas delas são causadas pela maneira como falamos. Saber se comunicar é cada vez mais importante.

Diversos problemas poderiam ser evitados melhorando a nossa habilidade de interagir com os outros. Para dirigir uma equipe, você precisa se comunicar bem. É simples assim. Gerenciar significa trabalhar com seres humanos, ajudá-los a cumprir suas responsabilidades, auxiliá-los a colaborar ou, pelo menos, a conviver de maneira harmoniosa.

O objetivo da comunicação é criar, manter e/ou desenvolver a conexão entre as pessoas.

O objetivo deste livro é ensiná-lo a fazer tudo isso de maneira mais eficiente.

Mas isso não se reduz a você apenas. Justamente por estar à frente de outras pessoas, você tem a oportunidade de liderar pelo exemplo. Goste ou não, todo líder acaba sendo um modelo de comportamento. As pessoas sob seu comando esperam mais de você – e imaginam que saiba se comunicar. Se você sabe, vai incentivá-las a se expressarem ainda melhor. Se não, vai influenciá-las de forma negativa.

Leia este livro com a cabeça e o coração abertos e depois coloque em prática o que aprendeu. Assim, com certeza você vai se comunicar de maneira mais clara e eficaz.

"Quando você está em posição de liderança – não importa se for um supervisor de linha de frente ou um diretor executivo –, acaba se tornando um modelo de comportamento. Seus colaboradores o admiram e seguem o seu exemplo."

ESTABELEÇA UMA LIGAÇÃO COM AS PESSOAS

Se você lida com gente, seu trabalho envolve comunicação. Seu desempenho depende da sua habilidade no trato pessoal. Existem quatro fatores que fortalecem essa capacidade fundamental:

Tecnologia: Como adverte John Naisbitt em *Megatendências* (1982): "Sempre que surge uma nova tecnologia *(high tech),* deve haver em contrapartida uma resposta de natureza humana que aumente a qualidade do contato entre as pessoas *(high touch).* Ou então a tecnologia será rejeitada."

Intensidade do tempo: Trabalhamos mais em menos tempo executando várias tarefas simultaneamente. Não deixe que isso o impeça de prestar atenção aos seus colaboradores e de comunicar-se com eles de maneira plena, precisa e eficiente.

Diversidade: No ambiente de trabalho existem inúmeras diferenças entre as pessoas – idade, sexo, etnia, cultura, ideologia política, crença religiosa, idioma e estilo de vida. Para ser eficaz na comunicação, você deve estar atento a essa diversidade.

Responsabilidade: Muitos problemas de trabalho que terminam em ações na justiça podem ser evitados logo que surgem – desde que os gestores lidem com eles de maneira apropriada. Isso exige uma comunicação.

Comunique-se de maneira construtiva. Os princípios abaixo – o ABC da comunicação construtiva – formam a base das relações produtivas, do alto-astral e da equipe eficiente.

- **A**borde seu interlocutor de forma positiva. Seja simpático, cortês, respeitoso e sensato. Em qualquer situação, demonstre segurança e confiança.
- **B**usque canais de compreensão e cooperação baseados na confiança e na afinidade. As pessoas precisam se sentir seguras – física, emocional e psicologicamente. Sua maneira de falar deve transmitir a seguinte mensagem: "Você está seguro comigo." Todos se relacionam melhor com quem têm coisas em comum ou quando dividem um sentimento de identificação com o outro. Cultive a empatia.
- **C**ustomize sua comunicação. Adapte seu discurso ao estilo do seu interlocutor de modo que ele funcione melhor.

Mais três recomendações:

Não rotule as pessoas: O rótulo afeta a imagem que você faz das pessoas, a maneira como as aborda e o relacionamento que mantém com elas. Por exemplo, se você acha que alguém é "encrenqueiro", essa idéia negativa se manifesta no modo como você fala e interage com ele. Além disso, quem está à nossa volta tende a viver de acordo com as nossas expectativas.

Inspire confiança através da segurança: Nós normalmente confiamos nas pessoas que demonstram segurança. Até que ponto você se mostra seguro? Numa folha de papel, escreva "As pessoas podem contar comigo para..." e depois liste as coisas que você faz com convicção. Quais delas o ajudam a inspirar confiança? Quais a comprometem?

Evite o estilo John Wayne de gerenciamento: A tática do controle-e-comando é muito ultrapassada. Para melhorar seus resultados, cultive o espírito de cooperação em vez de exigi-lo. Entretanto, situações críticas e emergenciais exigem que você tome a frente e que seus colaboradores sigam as suas determinações.

"Comunicação interpessoal significa criar pontes. Ao interagir – com os colaboradores, com os colegas ou com o chefe –, seu objetivo é construir relações profissionais positivas e produtivas."

ENTENDA AS PERCEPÇÕES DOS OUTROS

A percepção é extremamente poderosa. Para se comunicar melhor, você deve levar em consideração como os outros recebem a sua mensagem.

Costuma-se dizer que a comunicação se resume a dois papéis: emissor e receptor. "Perceptor" seria um termo mais apropriado para enfatizar quanto as percepções são importantes em cada comunicação.

Ao falar ou escrever, você manda uma mensagem e o outro a recebe e processa através de suas próprias referências, gerando diferentes percepções. Esse sistema de referências é formado por vários fatores:

- postura
- princípios
- cultura
- educação
- estado emocional
- experiência
- gênero (masculino / feminino)

Cada sistema é único e produz diferentes percepções, que, por sua vez, geram impressões e reações diferentes.

Transformamos mensagens em percepções de maneira instantânea e muitas vezes subconsciente. Formamos impressões, fazemos julgamentos e chegamos a conclusões automaticamente.

Sempre que você se comunica, as pessoas criam impressões que vão condicionar a forma como elas reagem.

A percepção é mais significativa do que o fato. As nossas respostas às mensagens que recebemos baseiam-se mais no que sentimos como verdade do que naquilo que realmente é verdadeiro. Se os fatos concretos diferem da nossa percepção (que é como os interpretamos), é ela que prevalece. Respondemos às nossas impressões e sensações.

Liderar é produzir resultados por meio dos outros. As pessoas tendem a dar o máximo de si quando têm uma visão positiva de você e daquilo que diz.

Você não sabe o que as pessoas estão pensando nem tem poder sobre isso. Não há como controlar o modo como alguém capta nossas mensagens, mas podemos determinar a maneira como as transmitimos: por meio de "sinais" verbais, vocais e visuais. Quanto melhor conhecermos o sistema de referências de nossos interlocutores, mais eficiente será a nossa comunicação. Siga estas três sugestões:

Saiba o momento certo de dizer as coisas: Essa percepção é importantíssima. Nosso estado emocional afeta a maneira como percebemos as coisas. Evite pedir algo ou abordar um assunto delicado caso seu interlocutor não esteja de bom humor. Espere o momento apropriado. Só então ele estará mais receptivo.

Considere a perspectiva dos outros: É natural que gerentes e funcionários tenham pontos de vista diferentes – e esse é outro fator que afeta a percepção. O colaborador pode ter uma visão errada das coisas simplesmente porque não tem um panorama geral da situação. Procure adequar seu discurso à perspectiva dele ou forneça informações que ampliem sua visão.

Fique atento às diferenças pessoais: As pessoas diferem entre si por fatores como faixa etária, sexo, etnia, formação cultural, ideologia política, convicção religiosa, idioma, estilo de vida e outros. Procure entender como essas diferenças podem afetar a maneira como você e sua mensagem são percebidos. Preste atenção às suas palavras, ao seu tom de voz, seus gestos e expressões.

"A percepção é tudo – aprenda a administrá-la."

TOM PETER, *A BUSCA DO UAU!*

SIMPLESMENTE FALE, NÃO SE PREOCUPE

ESCOLHA AS PALAVRAS COM CUIDADO

Nossas palavras são sinais verbais que sempre evocam algum tipo de reação. Ao escrever, a escolha dos termos e o estilo são cruciais para a comunicação. Ao telefone, sofremos a influência de outros fatores, como o tom de voz que adotamos. Cara a cara, os sinais vocais e visuais costumam ter um impacto maior do que as palavras isoladamente.

Muitas vezes não pensamos no efeito que as palavras podem causar, mas devemos evitar algumas armadilhas que levam a percepções e reações negativas:

Frases que exprimem exigência, como "Você tem que..." e "Eu insisto...", demonstram que seu interlocutor não tem escolha.

Palavras depreciativas, como estúpido, idiota, imbecil e otário, magoam e desestimulam.

Palavras discriminatórias, que fazem referência a idade, sexo, orientação sexual, raça, religião, convicção política, deficiência física e coisas assim, além de erradas, podem levar à justiça.

Ofensa de qualquer natureza é inadequada no ambiente de trabalho, sobretudo para líderes.

Palavras/frases negativas, como "não" e "não posso", geram sentimentos negativos. Tente dizer as coisas de maneira positiva.

O mais importante é que, antes de falar, devemos pensar o seguinte: "Se alguém dissesse isso para mim, como eu interpretaria?"

Tenha em mente a seguinte premissa: "*Você* antes de *mim*." O egocentrismo é inerente ao ser humano. Por isso, construa suas frases dando ênfase ao outro. Em vez de "Estou satisfeito com o seu trabalho", diga "Você fez um excelente trabalho".

Siga estas três recomendações ao escolher suas palavras:

Fale diretamente: Transmita sua mensagem com clareza. Seja direto sem ser grosseiro. Não suavize as palavras ou dê voltas como se estivesse tentando evitar o assunto.

Seja claro: Evite palavras e expressões que dêem margem a interpretações cujo sentido varie conforme a percepção pessoal, como *muitos, alguns, raramente, freqüentemente, pouco, o mais rápido possível* e outras. Mas também não use palavras de significado definitivo, como *nada, nunca* e *sempre* – a menos que você tenha absoluta certeza de que pode usá-las. As generalizações costumam refletir uma certa preguiça de pensar.

Seja cortês: Não se preocupe apenas com a forma como as pessoas interpretam o que você diz, mas também com a maneira como elas reagem a você. Geramos mais sentimentos positivos quando nos comunicamos com cortesia. Abuse de expressões como *por favor, obrigado, de nada* e *com licença.* Diga-as sorrindo e com sinceridade.

"Quando há uma disparidade entre o que as pessoas consideram verdade e o que de fato é verdadeiro, o que tem mais peso? A percepção. Para elas, sua percepção é a verdade. O resto não passa de mentira."

FALE COM NATURALIDADE

CONTROLE SUA VOZ

O ritmo da nossa fala, o timbre, o tom e o volume da nossa voz são sinais vocais que produzem diferentes reações durante a comunicação. Numa conversa frente a frente, essas características são responsáveis por mais de um terço do significado da mensagem. Ao telefone, esse percentual aumenta ainda mais.

Às vezes essas características são influenciadas pelas circunstâncias, mas somos capazes de alterá-las e devemos tentar fazer isso.

Se você falar rápido, as pessoas poderão achar que está nervoso ou com pressa. A mensagem que está enviando pode ser interpretada como "Não tenho tempo para você". Quando você fala muito depressa, o ouvinte pode não prestar atenção ou pensar que você não quer que ele entenda o que está dizendo.

Se você falar devagar, as pessoas poderão imaginar que também pensa devagar ou então que está pronunciando cada palavra com cuidado por se considerar superior.

O timbre também conta. Uma voz muito aguda é associada à imaturidade. A voz muito grave pode soar ríspida. Normalmente associamos características vocais com qualidades pessoais. Um timbre vigoroso demonstra força de caráter; uma voz firme e ressonante sugere uma personalidade madura e consistente.

Ajuste o volume da sua voz conforme a situação. Ao conversar reservadamente com uma pessoa, fale baixo. Se estiver com um grupo numa sala grande, aumente o volume. Em condições normais, a voz alta parece agressiva e a baixa demonstra timidez.

O tom pode deixar as pessoas relaxadas ou alertas. Tons estridentes, defensivos, autoritários, antipáticos, intimidantes ou sarcásticos geram percepções negativas.

Se você usar tons negativos com seus colaboradores, eles poderão fazer o mesmo. Os problemas começam quando a comunicação se impregna de sinais que comprometem o trabalho.

Veja três sugestões para controlar melhor sua voz:

Use um tom moderado, adaptando-o às situações: "Moderado" significa nem alto demais, nem baixo demais, nem rápido demais, nem devagar demais. Significa também um tom equilibrado, calmo e controlado. Ou seja, evite os extremos.

Alterne a velocidade, o volume e o tom de forma apropriada: Evite a monotonia. Module a voz para expressar os sentimentos por trás das palavras.

Seja dinâmico: Faça com que seu interlocutor preste mais atenção às suas palavras. Muito sutilmente, baixe o volume, reduza a velocidade e fale de maneira mais suave quando quiser enfatizar algum ponto. Depois, faça uma pausa. Um momento de silêncio pode ser providencial.

"A voz tem um poder incrível. Nós temos um grande potencial que ainda nem começamos a explorar. Pouca gente consegue expandir suas qualidades e habilidades vocais."

EXPRESSE-SE VISUALMENTE

Tudo o que o seu interlocutor vê e que gera uma resposta é um sinal visual. No contato cara a cara, sinais visuais e vocais sempre têm mais impacto do que as palavras.

Sua expressão facial deve dizer ao seu interlocutor que ele pode confiar em você. Sorria quando chegar ao trabalho e ao cumprimentar as pessoas. Demonstre que você gosta de estar com elas.

Mostre interesse. Faça contato visual. Transmita o que está sentindo por meio do olhar. Inspire confiança. Evite expressões que possam passar negatividade. Não fique com o olhar perdido por muito tempo: vai parecer que está entediado ou preocupado.

Evite mover a cabeça afirmativamente se não concordar com algo. Não envie sinais que não deseja.

Reforce com gestos o que você disser com palavras. Enfatize os pontos importantes com movimentos, mas não gesticule demais. Evite gestos que possam ter conotação negativa. E nunca aponte para as pessoas: é ofensivo.

Não contorça as mãos ou fique mexendo em suas jóias ou roupas ou revirando objetos que estejam sobre a mesa de trabalho. Pode parecer que você está nervoso ou impaciente.

Converse olhando nos olhos. Sente-se se a outra pessoa estiver sentada. Curvar-se sobre ela pode intimidá-la.

Demonstre dinamismo, interesse e atenção. Mantenha uma boa postura, transparecendo estar seguro e à vontade. Evite ao máximo aparentar qualquer tipo de rigidez, como se estivesse tenso ou desconfortável.

Para enfatizar algum ponto ou parecer interessado no que seu interlocutor estiver dizendo, incline-se discretamente, mas não se aproxime demais. Respeite o que se chama de "zona de conforto" – o espaço entre você e o outro. Essa área varia de pessoa para pessoa, por isso tente se adequar às necessidades de cada um. Uma distância de aproximadamente 1,5m costuma ser apropriada.

A roupa e o ambiente de trabalho transmitem sinais visuais. Que tipo de mensagem eles passam para seus colegas, seu chefe e suas visitas?

Seguem três sugestões para fazer com que os sinais visuais atuem a seu favor:

Neutralize a negatividade: Pessoas negativas são facilmente provocadas. Ao lidar com alguém desse tipo, tome cuidado com os sinais que você emite. Não demonstre emoção. Não reaja aos sinais negativos. Incentive o diálogo. Faça perguntas e deixe que expressem suas opiniões e percepções. Ouça com atenção.

Vista-se adequadamente: Caso se sinta inseguro, analise o tipo de roupa usada por gerentes e executivos que estejam, pelo menos, dois níveis acima de você. Se almeja chegar àquela posição, cultive a idéia de que você é "como eles". Adote um estilo que sugira que você foi talhado para o cargo.

Seja coerente: A mensagem fica truncada quando os vários tipos de sinais que você emite não coincidem. Sinais incoerentes o fazem parecer menos confiável e podem confundir as pessoas. Sua comunicação será mais eficaz se você utilizar sinais visuais condizentes com suas palavras e com sua voz.

> **"Um movimento positivo com a cabeça, um gesto, uma sobrancelha levantada, um sorriso ou um franzir de cenho – tudo o que você faz envia um sinal que causa impressão nas pessoas."**

TRATE TODOS DA MESMA MANEIRA

COMPREENDA AS DIFERENÇAS

O *perfil de comunicação* consiste em *estilo de comunicação* e *padrão de raciocínio*. Todos nós, de certa forma, tendemos a privilegiar um estilo e um padrão.

Os estilos de comunicação variam entre dois extremos: o agressivo e o passivo.

Comunicadores *agressivos* costumam falar alto e em tom sarcástico ou autoritário. Intimidam os que não são como eles e desafiam os que são. Se alguma coisa lhes desagrada, revidam. Monopolizam a conversa e raramente ouvem sem interromper.

Comunicadores *passivos,* por sua vez, falam com tranqüilidade e de maneira respeitosa, evitando o contato visual. Raramente usam sinais verbais, vocais ou visuais. Por isso, você não sabe se estão ouvindo ou perdidos em seus próprios pensamentos. Relutam em expressar o que pensam e sentem, em discordar ou desagradar. Se algo os aborrece, fecham-se ou queixam-se.

O estilo *passivo-agressivo* é uma combinação dos dois extremos. Quem é assim age de forma passiva por um tempo – e depois reage agressivamente. É imprevisível.

No meio da escala está o estilo *expressivo:* equilibrado, sensato, nem agressivo, nem passivo, e mais moderado e estável do que o passivo-agressivo. Comunicadores expressivos moderam o volume e o tom da voz, bem como a velocidade da fala. Geralmente agem e reagem com bom senso.

O padrão de raciocínio pode ser *concreto* ou *conceitual.* A maioria das pessoas tende a usar um ou outro, mas algumas dominam bem os dois.

A natureza do pensamento *concreto* é lógica, e aqueles que o possuem costumam interpretar as coisas literalmente, raciocinam seqüencialmente e seguem uma lógica linear. Quem adota um padrão concreto analisa os problemas e os soluciona de forma sistemática. Quer fatos e não explicações.

Intuição e imaginação são a essência do raciocínio *conceitual.* Quem tem esse tipo de raciocínio é criativo. Ao resolver um problema, usa seu "sexto sentido". Tem uma visão geral da situação e valoriza idéias, teorias e abstrações. Gosta de analogias, imagens e metáforas.

Veja três sugestões para lidar com todos os perfis de comunicação:

Trabalhe com os estilos de comunicação e com os padrões de raciocínio: Compreenda o perfil das pessoas com quem você se relaciona e adapte-se a ele. Sua comunicação será mais eficiente e você enfrentará menos dificuldades.

Não reaja a comportamentos extremos: Você pode ficar frustrado e até aborrecido, mas dê um tempo até os ânimos se acalmarem – o seu e o do seu interlocutor. Diga algo do tipo "Vamos pensar melhor antes de tomar qualquer decisão". Não apele para o lado emocional ou você poderá provocar reações violentas.

Reconheça os padrões concreto e conceitual: Quem tem raciocínio concreto gosta de "construir coisas". Usa termos como *pensar, analisar, arquitetar, calcular, parâmetros* e *detalhes práticos.* O pensador conceitual, por sua vez, gosta de "construir relações". Por isso, usa expressões como *sentir, perceber, experimentar, impressão e emoções.*

"Os problemas na comunicação normalmente ocorrem em virtude de diferenças entre as percepções ou entre os perfis de comunicação."

ROTULE AS PESSOAS

USE OS PERFIS COM PRUDÊNCIA

O perfil de comunicação é formado pelo estilo de comunicação e pelo padrão de raciocínio. A escala de estilos é definida pelos extremos *agressivo* e *passivo* e pelo meio-termo *expressivo.* A escala de padrões varia entre o *concreto* e o *conceitual,* passando pelo meio-termo *adaptável* (aquele que se identifica com ambos).

Se cruzarmos os dois estilos de comunicação com os dois padrões de raciocínio, formaremos quatro perfis de comunicação distintos. Eles serão abordados separadamente nos próximos quatro capítulos. Lembre-se: é raro achar alguém que se encaixe perfeitamente num único perfil.

À medida que for lendo cada descrição, observe as pessoas em seu local de trabalho. Tente identificar o perfil dominante de cada uma delas.

A função do perfil não se resume a melhorar a comunicação. Ele vai ajudá-lo também a delegar tarefas (que funcionário é mais indicado para o serviço?), a motivar (qual é a melhor maneira de estimular cada colaborador?), a premiar o trabalho bem-feito (que tipo de reconhecimento mais agrada aos profissionais?) e a contratar e remanejar pessoal (quem tem o perfil que se encaixa na vaga que estamos oferecendo?).

Seguem três pontos importantes sobre perfis de comunicação:

Não rotule as pessoas: Neste livro, cada perfil é identificado por uma palavra que expressa uma característica marcante que ele apresenta. Mas a intenção *não* é rotular ninguém. Por experiência, sabemos que as pessoas não são sempre de um único jeito. Seu comportamento depende da situação em que se encontram. Os perfis devem nos ajudar a entender as pessoas – jamais a limitá-las.

Adapte seu discurso ao seu interlocutor: Você pode melhorar seus relacionamentos ajustando seu estilo ao do outro. Se analisarmos as pessoas em termos de perfil e preferência e adaptarmos o que dizemos de acordo com esses dois critérios, poderemos superar muitas dificuldades e, assim, tornar nosso trabalho mais produtivo.

Misture, não padronize: Quando formamos uma equipe, costumamos escolher pessoas parecidas conosco. Entretanto, selecionar todos os membros com o mesmo perfil é um erro. O grupo ideal deve incluir os quatro perfis. Cada um deles tem pontos fortes e pontos fracos. Uma mistura de estilos de comunicação e padrões de raciocínio assegura o equilíbrio.

"O propósito de estabelecer um perfil é gerar uma percepção que proporcione maior entendimento de nós mesmos e do outro. Dessa compreensão surgem idéias de como adaptar nossa comunicação."

NÃO USE PERFIS

CONHEÇA OS *PODEROSOS*

Estilo de comunicação: de moderado a altamente expressivo.

Padrão de raciocínio: do adaptável ao concreto.

Os *poderosos* são, sobretudo, motivados a atingir objetivos. Buscam resultados a curto prazo visando atingir metas a longo prazo. Contratempos e obstáculos são encarados como desafios.

Eles gostam de estar no comando. Almejam posições de liderança: executivos, cargos de gerência, diretores e empreendedores. Têm participação decisiva, especialmente em momentos de crise, e dão ordens sem hesitar.

Exibem "troféus" – prova visual de suas realizações. Você perceberá que eles colocam seus prêmios, certificados e fotos em lugares de destaque.

Pensam e falam como se estivessem sempre num momento decisivo, usando expressões como "direto ao assunto" e "sem rodeios". O tom de voz parece ríspido. Talvez estalem os dedos em sinal de pressa, olhem o relógio ou, de alguma forma, demonstrem impaciência. Não têm a intenção de ofender: estão preocupados em trabalhar para conquistar suas ambições.

Envolva os colaboradores *poderosos* em seus projetos. Quando você falar sobre as metas e os resultados que espera deles, procure saber o que eles acham. Pergunte sobre suas metas. Mostre que os resultados que você deseja são um meio para que eles atinjam seus próprios objetivos. Fale em *estratégias*, *planos de ação*, *progresso*, *realizações* e *soluções* – palavras que denotam ação agradam aos *poderosos.*

Não deixe de lhes mostrar que é você quem está no comando. Eles irão aceitar o fato e respeitá-lo. Ao conversar em particular com alguém que tenha esse perfil, vá direto ao assunto. Aja de maneira confiante e decisiva. Use um tom de voz firme mas sem ser ríspido ou centralizador.

Crie situações em que eles possam se sentir no controle. Designe tarefas que ofereçam oportunidade de liderança, como treinamento e consultoria. Mas deixe claros os limites da autoridade que ele terá e cobre resultados.

Mais três sugestões para lidar com os *poderosos:*

Faça com que trabalhem durante as reuniões: Não deixe que eles sintam que estão ali perdendo tempo. É melhor que tenham participação ativa. Procure na pauta itens que eles possam apresentar. Periodicamente, delegue a eles a condução de reuniões.

Esteja preparado: Eles possuem raciocínio concreto. Esteja certo do que você está dizendo e fale diretamente. Caso não sintam firmeza no seu discurso, os *poderosos* começarão a questioná-lo ou a ignorá-lo. Lembre-se disso especialmente ao fazer avaliações de desempenho.

Para lidar com o chefe, a estratégia é diferente: Se o *poderoso* da equipe é o seu gerente, você pode seguir as mesmas diretrizes, mas com algumas exceções. Não dê a impressão de que está tentando assumir o controle da situação. Se você é normalmente confiante ou agressivo demais, modere o seu tom e evite os conflitos. Apóie as metas dele – caso haja dúvida, pergunte e apresente seu ponto de vista em relação a esses objetivos.

> "Lidar com um *poderoso* é como domar um cavalo selvagem. Você não quer freá-lo. Só quer mostrar a ele quem é que manda."

NÃO USE PERFIS

CONHEÇA OS *FALANTES*

Estilo de comunicação: varia entre alto e moderadamente expressivo.

Padrão de raciocínio: entre o conceitual e o adaptável.

Os *falantes* são principalmente motivados pelo desejo de contar suas histórias e serem reconhecidos por isso. Adoram ter um bom desempenho e são movidos a elogio.

Normalmente são vendedores que falam da empresa, dos produtos e serviços, e costumam ser recompensados com comissões, bônus e prêmios. Também podem atuar nas centrais de atendimento ao cliente por gostarem de lidar com o público e de receber agradecimento pela ajuda prestada.

Com freqüência, os *falantes* buscam se automotivar. Possuem pôsteres e quadros com palavras de incentivo no escritório. Guardam cartas de elogio e resultados de avaliações de desempenho. Alguns lêem livros de auto-ajuda.

Os *falantes* são naturalmente muito verbais. Tendem a elaborar e usar analogias e metáforas. São animados, fazem gestos expansivos e usam movimentos corporais. São criativos, dão idéias e fazem digressões que podem levar a outros caminhos. Adoram *brainstorms* – desde que estejam no centro das atenções.

Às vezes não ouvem com atenção. Não porque sejam grosseiros ou insensíveis – mas porque estão ávidos por contar a história deles e, por isso, não se interessam em ouvir a sua.

Para lidar com os *falantes,* diga-lhes o que você espera deles e certifique-se de que não vão se distrair e sair à procura de algo mais interessante. Para prender sua atenção, expresse admiração e peça ajuda: "Gosto de ver o seu entusiasmo com o Projeto X" ou "Eu adoraria se você se envolvesse ainda mais no Projeto Y". Pessoas com esse perfil farão de tudo para ouvir coisas como *satisfeito*, *feliz* e *fantástico*.

Se seu estilo de comunicação for afirmativo, até mesmo agressivo, faça o possível para não interromper o *falante.* Se ele fala demais e começa a "viajar", intervenha com algo do tipo "Estou vendo que você está entusiasmado com a idéia Y *(valorize-a)*. Antes de falarmos sobre isso, vamos terminar X *(redirecione)*".

Se o seu estilo é passivo, acelere o passo. Se você não for expressivo, o *falante* vai pensar que não está interessado no que ele tem a dizer.

Mais três dicas para usar com os *falantes:*

Demonstre admiração: Com esse tipo, mesmo pequenos gestos ganham grande destaque. Deixe breves mensagens como "Bom trabalho". Apenas reconhecimento – nada mais. Os *falantes* adoram gestos espontâneos. Tenha sempre cartões com palavras de incentivo, escreva um bilhete e deixe em algum lugar onde eles possam ver.

Não seja negligente: Se eles se sentirem desprestigiados, podem deixar seu rendimento cair propositalmente para chamar sua atenção. Jamais diga ou faça algo que pareça depreciativo.

Ouça e aprenda: Se você for um *falante*, pense que ouvir é uma forma de adquirir informação. Você pode conhecer histórias interessantes, escutar casos engraçados ou mesmo descobrir novas idéias e pontos de vista.

"Os *falantes*, quando jovens, adoravam ser chamados para contar histórias para a turma."

NÃO USE PERFIS

CONHEÇA OS *PRESTATIVOS*

Estilo de comunicação: de discreto a moderadamente expressivo.

Padrão de raciocínio: de conceitual a adaptável.

Os indivíduos do tipo *prestativo* gostam de lidar com gente. Sua maior motivação é servir aos outros. Fazem coisas que satisfazem sua necessidade de ser importantes. Desenvolvem trabalhos em que ajudam as pessoas e adoram fazer amizades.

Os objetos que os cercam refletem seu interesse nos relacionamentos: retratos da família, crianças, animais de estimação e colegas de trabalho numa festa de aniversário. Gostam de plantas e têm mania de colecionar bichinhos de pelúcia e bugigangas engraçadas.

Os *prestativos* são menos expressivos do que os *falantes*. Costumam ser mais reservados, falam de maneira suave e não gesticulam muito. Fazem perguntas com freqüência, com entonação mais elevada no final da frase. Para não ofender ou discutir, preferem se calar – a não ser que o assunto de fato lhes interesse.

Seu discurso demonstra a vontade que têm de agradar, contendo comentários como "Está bem para você?" e "Não sei se é exatamente isto que você queria". Às vezes podem até ser educados demais: "Lamento, mas você não cumpriu o prazo..."

Se você é daqueles que se concentram nas tarefas, possuem

raciocínio concreto e usam poucas palavras, os *prestativos* poderão desafiar suas habilidades de comunicação. Se eles chegarem a atrapalhar, diga isso claramente, mas não seja insensível ou ríspido. Muitos *prestativos* costumam levar as coisas para o lado pessoal. Sorria e fale com gentileza: "Você estaria me fazendo um grande favor se..." Uma atitude séria sugere que você não gosta deles; um tom grave, sisudo, soa como repreensão.

Congratule-os nas ocasiões especiais. Repare na foto nova sobre a mesa. Agradeça-lhes por providenciar o lanche para a reunião. De vez em quando, faça um elogio.

Mais três sugestões para lidar com os *prestativos:*

Estabeleça limites: Às vezes eles falam mais de seus problemas pessoais do que você precisa ou quer saber. Demonstre interesse ou deixe claro que você se identifica com eles, mas cuidado para que seu comportamento não seja mal interpretado, de forma que pensem que você está querendo se envolver em sua vida particular.

Ajude-os a adquirir senso crítico: Quando assumem responsabilidades e cargos de gerenciamento, talvez tenham dificuldades. Treine-os para que sejam mais firmes e consigam resolver conflitos. Os *prestativos* são potencialmente bons gestores – desde que aprendam a se impor e a solucionar problemas.

Freie sua necessidade de falar: Se você é um *prestativo*, controle essa sua inclinação. Não monopolize a conversa. Ouça os outros. Não entre em um bate-papo com o intuito de fazer fofoca. Desvie o assunto para o trabalho, se for necessário.

"Se você vir alguém com um broche do Smile, ele provavelmente é do tipo *prestativo.*"

NÃO USE PERFIS

CONHEÇA OS *CARTÓGRAFOS*

Estilo de comunicação: de discreto a moderadamente expressivo.

Padrão de raciocínio: varia de concreto a adaptável.

Os *cartógrafos* são motivados pela necessidade de fazer as coisas de maneira correta. As qualidades de um bom mapa – correção, precisão, minúcia de detalhes – é o que mais importa para eles. Costumam ser "solucionadores de problemas" – principalmente se a questão envolve um amplo processo.

Ao redor deles, você verá suas ferramentas essenciais – computadores, calculadoras, réguas de precisão, impressões e planilhas, lapiseiras e canetas coloridas de ponta fina e provavelmente um calendário de planejamento com códigos coloridos.

Os *cartógrafos* geralmente têm raciocínio concreto e são menos expressivos. São de poucas palavras. Demonstram pouco interesse em qualquer coisa que não seja pertinente à tarefa que estão executando. Trabalham melhor com fatos e números.

Os sinais vocais e visuais que emitem não revelam o que estão pensando. Se você é expressivo, provavelmente demonstra seu entusiasmo. Os *cartógrafos* podem até estar animados, mas não transparecem.

Para lidar com os *cartógrafos* com eficiência, tente adotar o estilo de comunicação e o padrão de raciocínio deles.

Dê-lhes tempo para trabalhar. Mudanças de última hora soam como falta de respeito por aquilo que é mais importante para eles: fazer as coisas corretamente.

Não deixe que eles sintam que você os está apressando, mesmo que seja necessário apressá-los. Desculpe-se pela falta de tempo. Reconheça que eles querem fazer o trabalho da forma certa, mas negocie um significado para a palavra "certo" dentro das limitações do seu cronograma: em suma, permita que eles sejam menos perfeitos. Dê apenas as informações necessárias. Seja direto e use frases curtas.

Qualquer coisa que você precisar apresentar para os *cartógrafos* deverá ser feita por escrito. Argumente sobre seus pontos de vista com fatos e números, além de gráficos, tabelas, diagramas ou planilhas.

Ao reconhecer o desempenho deles, enfatize a precisão, a excelência da solução e o fato de terem atendido ou superado as expectativas.

Mais três sugestões para se entender bem com os *cartógrafos:*

Evite desentendimentos e atrasos: Gerentes querem resultados o mais rapidamente possível. Os *cartógrafos* querem tempo para trazer os melhores resultados. Quando lhes passar uma tarefa, informe o objetivo e as expectativas, estabeleça acordos, negocie prazos e ponha tudo no papel. De vez em quando, reúna-se com eles para avaliar o andamento do trabalho.

Marque hora: Um *cartógrafo* gosta de estar preparado para tudo. Mesmo que você queira falar com ele por apenas 10 minutos, marque hora, estabeleça quanto tempo vai levar e informe o propósito do encontro. Se possível, faça-o por escrito.

Personalize seu discurso pelas razões certas: Se você estiver apenas atendendo aos seus interesses, personalizar o discurso poderá ser uma atitude manipuladora. Mas, se o que o motiva são os interesses dos colaboradores e da empresa e a melhoria dos relacionamentos, a comunicação vai se dar de forma eficaz.

"São os *cartógrafos* que planejam e fazem os 'mapas' (o produto final) que os outros vão usar com confiança."

FAÇA-OS PÔR A MÃO NA MASSA

APROXIME-SE DE SEUS COLABORADORES

Para se comunicar e gerenciar sua equipe de maneira eficiente, una-se aos seus colaboradores. Para fazer isso, cultive a cumplicidade, conquiste o respeito e esteja sempre de prontidão.

A cumplicidade é vital. Cria um senso de identificação, motiva, ajuda a aceitar e a compreender as diferenças.

Procure entender cada companheiro de trabalho. Descubra interesses e experiências comuns. Faça dessas semelhanças a base de seu relacionamento com eles. Converse, mas evite falar sobre assuntos polêmicos ou tomar partido em questões delicadas.

O contato físico pode ajudar a criar cumplicidade. Porém, toque numa pessoa apenas quando a ocasião exigir e, se o fizer, que seja de forma breve e apropriada. Atente para a filosofia e as normas da empresa. Você simplesmente pode fazer um gesto como se fosse tocar. Assim, diminui-se a distância física sem o risco de constranger seu interlocutor.

Conquiste o respeito através da credibilidade – invista no grau de confiança que os outros depositam no que você lhes diz. Alguns exemplos de como conseguir isso:

- Não faça promessas que você não possa cumprir. Caso isso aconteça, explique-se imediatamente e seja sincero.

- Cumpra a sua palavra.
- Informe os colaboradores sobre o que acontece na empresa.
- Divulgue as notícias – boas ou más – o mais rápido possível.
- Seja direto. Se não souber responder a uma pergunta, admita sua limitação. Indique alguém que possa fazê-lo ou ofereça-se para procurar a resposta.

Para se comunicar melhor:

- Certifique-se de que obterá os resultados desejados com as palavras escolhidas.
- Chame a atenção das pessoas com algo interessante.
- Aborde os pontos principais com frases abrangentes, depois explique e dê exemplos.
- Cheque a compreensão do que diz abrindo espaço para perguntas.
- Vá direto ao assunto. Não dê voltas. Não faça digressões e não permita que ninguém o desvie do seu objetivo.
- Recapitule e resuma a essência de sua mensagem.

Veja três sugestões para aproximar-se de seus colaboradores:

Comunique-se para expressar e não para impressionar: Quanto mais importante é a mensagem, mais importante é a clareza de sua comunicação. Encontre a forma mais simples e concisa de expressar o que você tem a dizer.

Comece pelo seu objetivo: Para ajudar as pessoas a prestar atenção e a interpretar sua mensagem de forma favorável, comece falando de seu objetivo – que deve ser positivo e construtivo. Se você precisar tocar em assuntos negativos, será mais produtivo abordá-los em um contexto positivo.

Busque afinidades com seu gerente: Observe os livros, jornais e revistas que ele possui ou menciona, principalmente aqueles sobre negócios e liderança. Leia as mesmas coisas. Assim, você terá pontos em comum para discutir com ele e mostrará que está aprendendo e se desenvolvendo profissionalmente.

"Você não obtém respeito pela simples razão de ser um líder. Você precisa conquistá-lo."

CONVERSE

PERGUNTE, OLHE E OUÇA

Pergunte

Faça perguntas diretas para questões que precisem de respostas como "sim" ou "não". Para obter informações ou explicações, use as chamadas perguntas abertas. Elas começam com pronomes interrogativos (quem, o que, quando, onde e como).

Caso as pessoas relutem em falar, faça uma ou duas perguntas abertas bem estruturadas e aguarde um pouco. Se não responderem, veja se elas não entenderam a pergunta ou se houve outro problema.

Olhe

Sinais visuais podem ser altamente reveladores. Esteja atento a expressões faciais, gestos e movimentos corporais.

Seja sensível ao momento e ao que os outros estão fazendo. Se alguém está visivelmente preocupado com uma tarefa ou falando ao telefone, não puxe conversa.

Ouça

Escute de verdade. Não atenda o telefone, remexa nos arquivos, olhe sua caixa de e-mails ou faça outra coisa qualquer. Esse tipo de comportamento pode enviar a seguinte mensagem: "Isso aqui é mais importante do que você." Minimize ou elimine qualquer distração.

Faça contato visual. Não desvie o olhar.

Reaja apropriadamente: se você concordar, faça que "sim" com a cabeça ou diga "hã, hã".

Não interrompa. Muitas vezes, as pessoas deixam para o final o ponto mais importante. Não termine frases pelos outros.

Caso fique na dúvida sobre algo que foi dito, cheque se captou a mensagem corretamente: "Se eu entendi direito, você está dizendo... É isso mesmo?"

Não contrarie o seu interlocutor, mesmo que você não concorde com ele. Depois que ele terminar de falar e antes de você responder, faça um comentário do tipo "Compreendo sua preocupação" ou "Obrigado por chamar minha atenção para isso".

Seguem três sugestões que vão ajudá-lo a perguntar e a ouvir:

Não pergunte "por quê?": Às vezes as pessoas levam esse tipo de pergunta para o lado pessoal, como se estivessem sendo submetidas a um interrogatório. Estruture a pergunta de maneira diferente. Por exemplo, em vez de "Por que você fez isso?", pergunte "Quais foram as razões que o levaram a agir assim?" ou "O que o fez optar por essa abordagem?".

Reduza as interrupções: Designe um funcionário experiente para servir de intermediário e ouvir as perguntas do resto da equipe. Fixe na parede, do lado de fora da sua sala, uma caixa para assuntos "não urgentes"; responda diariamente às mensagens deixadas ali. Não passe o dia inteiro de portas fechadas. Reserve um espaço na sua agenda para atender seus colaboradores.

Dê total atenção: Se alguém vier a você num momento em que esteja ocupado, pergunte qual é o assunto e avalie se a pessoa vai precisar de atenção total. Se for o caso, diga: "É importante para você. Por isso, quero lhe dar total atenção e não posso fazer isso agora. Vamos marcar uma hora para falar sobre esse assunto." Marque uma hora para atender a pessoa assim que possível.

"Três habilidades são os pilares da comunicação construtiva: pergunte, olhe e ouça."

ESPERE BONS RESULTADOS

DÊ INSTRUÇÕES PRECISAS

Para obter os resultados que você espera, é preciso dar instruções precisas.

Planeje

Identifique *o que, quem, quando, onde, como* e *por quê*. Coloque-os no papel e utilize-os como guia – para você e para quem mais estiver envolvido no trabalho. (Se a tarefa for se repetir, é possível registrar essa lista por escrito e deixá-la como um procedimento de praxe.)

- *O quê:* Defina o resultado final esperado e estabeleça os critérios de julgamento. Determine a prioridade da tarefa.
- *Quem:* Decida quem será designado para a tarefa e a quem ele deve recorrer em caso de dúvida e assistência.
- *Quando:* Estabeleça um prazo para a conclusão do trabalho e datas para a entrega de relatórios.
- *Onde:* Indique fontes de referência e material de apoio.
- *Por quê:* Explique por que a tarefa é importante.
- *Como:* Descreva o procedimento a ser adotado passo a passo. Os detalhes vão depender de quem será o profissional encarregado.

Comunique

- Escolha uma hora em que o colaborador possa prestar total atenção e que não haja distrações.
- Dê um exemplo do que você espera. Se possível, use uma amostra, modelo ou qualquer tipo de gráfico.
- Faça uma pausa para perguntas. À medida que estiver explicando, pergunte "Quais são as dúvidas até aqui?". Não interprete movimentos de cabeça ou silêncio como sinais de compreensão.
- Não pergunte "Entendeu?". Diga "Quero ter a certeza de que fui claro. Então, por favor, diga com suas palavras o que eu pedi para você fazer". Seu tom de voz e sua expressão devem ser amistosos para que o outro não se sinta pressionado.
- Agende encontros regulares para avaliar os resultados. Diga "Vamos nos encontrar na semana que vem a esta mesma hora para que você me informe sobre o andamento do trabalho" (abordagem positiva) e não "Vamos nos encontrar para que eu veja como você está se saindo" (abordagem negativa).

Avalie

- Após o término da tarefa, dê ao funcionário um feedback e avalie suas próprias instruções. Será que pode melhorar o seu discurso?

Três sugestões para dar instruções corretamente:

Pense em detalhes pertinentes: Leve em consideração três perguntas: "O colaborador já executou aquele tipo de tarefa antes?", "O que ele já sabe sobre isso?" e "Qual será a minha disponibilidade para responder a perguntas enquanto ele estiver realizando o trabalho?".

Jamais pergunte "Você tem dúvidas?": Muitas pessoas podem dar a resposta mais fácil: "não". Faça perguntas abertas como "Que dúvidas você tem?". Quando você demonstra que espera perguntas, as pessoas ficam mais dispostas a perguntar.

Certifique-se mais de uma vez, se necessário: Às vezes agimos como se tivéssemos entendido algo, quando, na verdade, não entendemos. Cobre perguntas. Marque datas para checar o andamento do trabalho. Peça ao funcionário para marcá-las no calendário e faça o mesmo. Transmita senso de responsabilidade em comentários como "Confio em você para executar esta tarefa do jeito que combinamos".

"Quando estiver se preparando para passar instruções, imagine que o colaborador vá perguntar 'E daí?'. Como você irá responder a essa pergunta?"

NÃO DIGA NADA

CORRIJA E ELOGIE

Um bom gerente proporciona feedback – corretivo ou positivo. Às vezes é difícil corrigir um comportamento inadequado e inaceitável. Entretanto, é melhor fazê-lo antes que isso lhe cause problemas. Compare as vantagens de consertar um determinado hábito com as conseqüências de não tomar uma atitude.

Quando der feedback corretivo, volte sua atenção para o comportamento e não para a pessoa. Concentre-se nas ações e não na postura. Anote as atitudes inaceitáveis e as conseqüências negativas. Siga estas instruções:

- *Faça o comentário imediatamente.* Não espere pela avaliação de desempenho.
- *Dê feedback em particular.* Jamais corrija alguém na presença de outros.
- *Faça*-o *pessoalmente.* Não mande um bilhete ou e-mail.
- *Aborde só um aspecto de cada vez.*

Segue um guia breve:

1. Comece de forma positiva, expressando sua boa intenção.
2. Identifique o comportamento a ser corrigido e alerte para suas conseqüências.

3. Quando apropriado, faça uma pergunta aberta para que a pessoa possa se explicar. Mostre-se disposto a ouvir.
4. Especifique os pontos que devem mudar. Enfatize os aspectos positivos de se investir numa melhoria e estabeleça um prazo para que a mudança aconteça.
5. Estimule uma resposta fazendo comentários como "O que você acha do que eu lhe disse?".
6. Mostre-se disponível para ajudar a mudança a acontecer.

Se um colaborador reagir mal a um feedback corretivo:

- Mantenha o foco e seja firme.
- Não permita que o assunto seja desviado ou que se inicie uma discussão.
- Repita os pontos principais.

Quando notar uma melhora de desempenho, dê feedback positivo. Procure oportunidades para mostrar admiração. Expresse isso imediatamente, de forma especial e sincera. Entretanto, não elogie um funcionário na presença de outros, a menos que você saiba que isso não vai causar nenhum tipo de constrangimento para ele.

O reconhecimento é motivador e ajuda a adquirir autoconfiança. Assim, todos vão querer fazer o melhor trabalho para satisfazê-lo.

Quando se dá feedback, é essencial escolher as palavras certas. Veja três sugestões:

Não comece por "você": Frases iniciadas por "você" colocam o foco do problema na pessoa. Comece por "Notei que..." ou "Fico preocupado quando...".

Não rotule comportamentos como inaceitáveis ou inapropriados: Coloque essas idéias em algum contexto mais amplo, como: "De acordo com a filosofia da empresa, um profissional não deve..."

Não diga "nunca" ou "sempre": Esses advérbios generalizam de forma absoluta e negativa. Alguém que *sempre* ou *nunca* faz alguma coisa tem poucas chances de mudar. Em vez de "sempre", experimente usar "com freqüência". No lugar de "nunca", tente "raramente".

"Uma máxima comum em treinamentos de liderança é 'Elogie em público. Corrija em particular'. A última recomendação é incontestável, mas a primeira pode ser problemática."

TOME A INICIATIVA

SAIBA LIDAR COM OS CONFLITOS

A comunicação contraproducente inibe o trabalho e entrava as relações. Três são os problemas mais comuns: *divergência*, *choro* e *queixa em relação aos colegas de trabalho.*

Ponha um fim nas divergências. Se o funcionário ficar chateado e usar linguagem imprópria, concentre-se no assunto. Corrija o comportamento depois.

As pessoas choram. Às vezes é uma manifestação natural, mas também pode ser intencional, com o intuito de manipular. Seja qual for a razão, lide com as lágrimas da seguinte maneira:

- Reconheça que o assunto envolve sentimentos.
- Sugira uma pausa. Estabeleça um intervalo com duração curta e específica, como três minutos e 40 segundos. Isso talvez soe engraçado e acalme os ânimos.
- Retome a conversa exatamente na hora marcada.
- Se o choro recomeçar, sugira um novo intervalo. Mais curto, porém ainda de duração estranha.
- Se o choro continuar, ofereça duas opções: seguir em frente ou voltar ao assunto no dia seguinte bem cedo.
- Tenha uma caixa de lenços de papel por perto.

Seus colaboradores podem ir até você para reclamar dos colegas de trabalho. Experimente esta técnica para lidar com comunicadores passivos e queixosos crônicos:

Pergunte: "Você conversou com X sobre isso?" A resposta normalmente é "não".

Depois pergunte: "Posso chamar X para esclarecermos este assunto?" A resposta também costuma ser "não". Queixosos crônicos querem solidariedade e não soluções. Comunicadores passivos desejam que você resolva o problema deles. Não assuma essa responsabilidade. Se a pessoa responder "Converse com X, mas não diga que fui eu que falei", responda "Não vou fazer isso, porque este assunto é entre você e X. Se você quer que eu interfira, vou conversar com os dois juntos".

Para concluir, use frases como: "Quando você estiver pronto para resolver isso, me avise." Diga "quando" e não "se" para mostrar que você espera que ele próprio resolva a questão.

Mais três sugestões para lidar com a comunicação contraproducente:

Use sinais rápidos e simples: Faça uma reunião com sua equipe para identificar a comunicação contraproducente. Combinem alguns sinais para evitá-la – gestos, recursos visuais ou até mesmo uma única palavra. Por exemplo, tenha um cartaz com os seguintes dizeres: SOLUÇÕES PRIMEIRO. Ou então diga apenas SOLUÇÕES.

Seja sensível aos estados de espírito: Jamais demonstre fazer pouco caso de algo que alguém leva a sério. O que é importante para sua equipe deve ser importante para você. Não arrisque ser ofensivo. Fazer brincadeiras pode ser perigoso quando alguém está chateado ou comunicando-se de maneira agressiva.

Fique atento para problemas que podem ir parar na justiça: Esses problemas envolvem preconceito, perseguição, situações que comprometam a saúde e a segurança ou constrangimento. Diminua o risco de futuras ações judiciais promovendo uma comunicação aberta. Resolva qualquer problema imediatamente. Solucione conflitos pessoais o mais rapidamente possível.

"Reações motivadas pela emoção são comuns entre colegas de trabalho. Compete a você acalmar os ânimos. Através da expressão facial, tom de voz e postura, demonstre equilíbrio."

SAIBA LIDAR COM A AGRESSIVIDADE

Para lidar com comunicadores agressivos:

- Entenda o que motiva seu comportamento. Comunicadores agressivos normalmente têm necessidade de controle, de estar sempre certos e de vencer.
- A princípio, dê liberdade. Não discuta ou interrompa. Deixe que a intensidade da agressividade diminua.
- Não lhes diga como pensar, sentir ou ser. Não diga "Calma!" ou "Você não deveria se sentir assim" ou "Seja sensato". Não aparente parcialidade.
- Mantenha a calma. Não se deixe envolver emocionalmente na discussão. Responda com frases curtas num tom de voz constante, num ritmo normal e sem expressões faciais.
- Reconheça que a situação é delicada. "Sei o quanto deve ser frustrante" ou "É uma pena que isso tenha acontecido". Expresse solidariedade, mas não concordância. Seja sucinto: "Fale mais sobre o assunto" ou "Continue".
- Não use clichês. Ou qualquer outra coisa que pareça condescendente.
- Concentre-se no problema principal. O que está de fato aborrecendo a pessoa?

- Pergunte "o que" e "como". "O que você acha que devemos fazer?" "Como podemos resolver a situação?" Aguarde as respostas. O silêncio pode funcionar como calmante.
- Não dê conselhos, a menos que lhe seja solicitado.
- Estabeleça limites. Se a pessoa apresentar um comportamento inaceitável – linguagem inadequada, ofensas ou atitudes extremadas –, deixe claro que você não irá permitir. "Se quiser que eu ouça o que tem a me dizer, peço a você que não faça/diga _______. Acho ofensivo e não vou tolerar. Mas continue o que você estava falando sobre _______." Mostre à pessoa que ela tem uma escolha.
- Demonstre segurança. Seja compreensivo mas sem deixar de ser firme.

Quando a pessoa tem reações explosivas apenas *de vez em quando*, veja como lidar com suas crises:

- Dê-lhe apoio. Eleve sua auto-estima e autoconfiança.
- Dê um tempo até que os ânimos se acalmem. Escolha cuidadosamente as palavras; não diga nada que possa emocioná-la. Diga: "Vamos dar um tempo para pensar melhor no assunto."
- Identifique a causa. Boa parte das crises poderia ser evitada se comentários irônicos, críticos e sarcásticos também fossem evitados.

Aqui vão mais três idéias:

Não ataque verbalmente: Muita gente usa o sarcasmo como arma. Não faça isso jamais. Quando alguém usar esse artifício com você, respire fundo, repita o comentário – só que sem a ironia – e pergunte o que ele quis dizer.

Mostre que você está tentando entender: Quando um comunicador agressivo está falando, mostre interesse. Use uma expressão que signifique: "Você tem a minha atenção. Estou tentando entender." Isso os faz sentir que têm o controle da situação e evita que você precise falar.

Controle a agressividade: Se as atitudes agressivas do profissional continuarem ou aumentarem, considere a possibilidade de encaminhá-lo a um psicólogo. Não tolere qualquer tipo de ameaça (implícita ou explícita) ou revide. Aja de acordo com a filosofia da empresa.

"Se existem comunicadores agressivos no seu mundo profissional, tenha cuidado ao lidar com eles."

AJUDE OS COMUNICADORES PASSIVOS

Você está discutindo com sua equipe estratégias para otimizar um processo. Todos se manifestam e dão sugestões – menos aquele que provavelmente será o mais afetado. Depois de ouvir todas as opiniões, você pede a esse colaborador que expresse sua posição e seus sentimentos. Ele apenas sorri e não diz nada. Ou fala "Tudo bem".

Comunicadores passivos não querem decepcionar ou aborrecer ninguém. Costumam falar pouco. Quando falam, geralmente é em tom submisso. Recolhem-se quando alguém discorda deles ou os questiona. Precisam se sentir seguros, aprovados e em harmonia com o grupo. Experimente as sugestões a seguir para ajudá-los.

Não se dirija a ele com veemência. Se você habitualmente se comunica com confiança e firmeza, modere-se. Se a agressividade é marca do seu discurso, controle-a.

Seja simpático e paciente. Use um tom de voz baixo. Sorria se a situação permitir. Demonstre tranqüilidade.

Identifique-se com seu interlocutor. Mostre interesse em compreender suas preocupações. Diga, por exemplo: "Se eu estivesse em seu lugar, estaria um pouco confuso. É assim que você está se sentindo?"

Tranqüilize: Use frases do tipo "Pode estar certo de que..." e "Tenho certeza de que...".

Encoraje: Inclua em seu discurso coisas como: "Responderei com prazer a qualquer pergunta sua", "Gosto de suas idéias e quero ouvi-las", "Espero que você saiba que pode falar francamente comigo".

Faça perguntas abertas. Ao usá-las, você dá a impressão de estar esperando respostas. Incline-se suavemente. Escolha as palavras certas: por exemplo, em vez de "De qual idéia você gosta mais?", prefira "Que idéia seria a mais conveniente?".

Transfira a responsabilidade para ele. Por fim, diga algo como: "Se você não falar nada, não me deixa outra alternativa a não ser..." Dê um tempo. Depois continue: "Se você não se posicionar, vou entender que você aceita qualquer decisão que eu venha a tomar."

Mais três recomendações:

Não pressione tanto: Para lidar com o típico "Eu não sei", o especialista em treinamento profissional Michael Staver sugere que se pergunte: "Se você soubesse, qual seria a sua resposta?" Por ser inesperada e, de certa forma, engraçada, essa pergunta deixa o comunicador passivo mais à vontade. Se a pessoa ainda hesitar ou insistir em dizer "Eu disse que não sei", reduza a pressão e apele para a necessidade que ela tem de agradar: "Preciso de uma força aqui. O que você acha que seria melhor fazer?"

Não seja crítico: Comunicadores passivos gostam de agradar e de se sentir queridos. Costumam ficar magoados se alguém os culpa ou procura algum defeito seu.

Não seja rude ou os apresse: É da natureza do comunicador passivo levar mais tempo para fazer as coisas na intenção de que suas idéias ou respostas sejam "boas" ou "certas". Não dê a impressão de que ele está atrasando você.

"Comunicadores passivos não querem causar problemas, pôr tudo por água abaixo nem atrapalhar ninguém."

IGNORE CONFLITOS

AJUDE A RESOLVER OS PROBLEMAS

É natural haver conflito onde existem diferenças de comportamento, percepção, expectativa, interpretação, opinião, perfil de comunicação e preferência. Entretanto, esses conflitos podem se tornar pessoais e gerar estresse e negatividade, causar hostilidades e ocasionar perda de tempo, energia e dinheiro.

Há três papéis que você pode desempenhar ao interferir nesses conflitos.

Participante. *Não* assuma esse papel. Não se envolva.

Juiz. Evite esse papel. Um juiz ouve a versão de cada uma das partes e decide como vai resolver a questão. Infelizmente, os trabalhadores, de um modo geral, não aceitam uma decisão arbitrada. Alguns poderão acusá-lo de favorecimento. Outros ficarão ressentidos com você. Então pode acabar surgindo um novo conflito: entre você e eles.

Facilitador. É esse o papel que você deve assumir. Um facilitador ajuda as pessoas a resolver sozinhas seus problemas. Veja como se comportar como facilitador:

- Ajude as partes a estabelecer regras para as discussões.
- Auxilie-as a definir o assunto principal da discussão. Faça perguntas abertas para extrair suas perspectivas e estimule-as a assumir posições.

- Incentive-as a considerar opções com perguntas do tipo "E se...?".
- Ouça com atenção. Redefina pontos, se necessário, para evitar confusão ou mal-entendidos.
- Ajude a identificar interesses em comum.
- Recapitule os pontos principais de cada assunto.
- Ratifique o acordo a que chegaram.
- Ajude a planejar a solução preparando uma agenda.
- Peça que lhe entreguem um relatório sobre a questão.

Dê prosseguimento ao processo. Quando o conflito estiver resolvido, parabenize as partes pelo sucesso.

Mais três sugestões:

Não intervenha se não for realmente necessário: Quando você tomar conhecimento de algum conflito entre membros de sua equipe, veja se já o estão resolvendo. Caso não estejam, ofereça ajuda: "Sei quanto é importante para vocês resolver esse problema. Posso ajudá-los?" ou "Estou preocupado porque a situação está fugindo ao controle. Vocês se importariam se os ajudasse nisso?". Mas não se intrometa e assuma o controle da situação.

Evite a polarização: A chave para resolver conflitos é evitar que as partes envolvidas se fechem em torno de suas posições. Ajude-as a encontrar interesses em comum e a voltar sua atenção para eles. Quando as pessoas levam em consideração o bem de todos, discutem de maneira mais sensata e, assim, aumentam as chances de se chegar a uma solução satisfatória.

Seja o exemplo: Ao agir como facilitador, demonstre habilidade para resolver desentendimentos e sirva como um exemplo para sua equipe, que poderá agir da mesma forma quando problemas semelhantes acontecerem. Mostre que o conflito é *construtivo* quando traz à tona questões que realmente merecem atenção, quando produz raciocínio criativo e resulta em melhorias.

"A fonte de conflito interpessoal mais citada no meio empresarial é a falha na comunicação."

APENAS REÚNA O PESSOAL

PREPARE-SE PARA AS REUNIÕES

Aproveite as reuniões de maneira eficiente.

Esteja ciente das despesas referentes ao encontro. Calcule o custo (tempo e dinheiro) de cada participante, bem como do material usado e do lanche. Compare esses gastos com os benefícios que a reunião irá trazer. Será que compensa? Existe uma outra maneira de conseguir esses mesmos resultados?

Se você decidir fazer reunião, use esses questionamentos como incentivo para planejá-la com maior eficácia. Convoque apenas o número necessário de pessoas e conduza o encontro da maneira mais objetiva possível.

Especifique o propósito da reunião. Seja claro sobre os resultados desejados.

Defina a pauta. Prepare-a de acordo com o seu propósito e a duração previamente calculada. Coloque em primeiro lugar o assunto de maior prioridade. Deixe por último o tema que for empolgante, engraçado ou motivador.

Detalhe a pauta. Para cada assunto, estabeleça um tempo, indique a atividade que será desenvolvida (apresentação, debate, etc.) e o nome do responsável. Reserve tempo suficiente para cada item de modo a não acelerar a reunião ou fazer com que ela se arraste. Diga a cada orador exatamente o que você espera dele.

Divulgue a pauta. Faça isso com dois ou três dias de antecedência. Providencie todo o material de que os participantes irão precisar.

Determine quem deverá comparecer à reunião. Avalie isso com base no propósito, na pauta e no custo. Caso pretenda discutir vários assuntos e apenas um deles seja comum a todos os participantes, trate dele primeiro. Depois de abordá-lo, dispense as pessoas que não têm mais razão para ficar.

Ao planejar uma reunião, designe tarefas da seguinte forma:

O líder dá início à reunião, estabelece o propósito, apresenta a pauta, cuida para que ela não se desvie de seus objetivos e a encerra.

O facilitador auxilia os participantes em todas as atividades.

O cronometrista controla o tempo destinado a cada assunto, avisando quanto tempo ainda resta.

O secretário elabora a ata ou anota os pontos principais, tarefas designadas e decisões tomadas.

Considere as seguintes recomendações:

Quebre as regras: Se você convoca uma reunião porque "toda semana se faz uma reunião de equipe", acabe com esse hábito. Há apenas uma razão, não um propósito. Se você não tiver um propósito, não a convoque.

Seja claro quando delegar: Você está delegando a alguém os preparativos para a reunião – sala, folhetos, equipamento e lanches? Se estiver, comunique o propósito da reunião, o conteúdo da pauta e o ambiente desejado – iluminação, acústica, quantidade de lugares e a escolha dos lanches.

Delegue e alterne: Sempre que possível, delegue a seus colaboradores diferentes papéis nas reuniões como forma de desenvolvê-los, envolvê-los em mais atividades e dividir responsabilidades. Alterne os papéis entre os participantes.

"Líderes normalmente menosprezam a importância das reuniões. Entretanto, elas são um caminho para realizar muitas coisas necessárias para que você seja eficiente."

SIGA O PLANEJAMENTO

CONDUZA AS REUNIÕES COM EFICIÊNCIA

Conduza as reuniões como planejado, de forma produtiva.

Comece na hora marcada, mesmo que poucos ou nenhum dos convocados tenham chegado. Agindo assim, você demonstrará que esses encontros são importantes.

Uma boa reunião pressupõe garantir que todos os participantes manifestarão seus pontos de vista, estarão com a atenção voltada para o assunto em pauta, interagirão com respeito e atingirão o objetivo final.

Fique atento aos sinais. Perceba os sinais emitidos através de expressões e linguagem corporal. Ajude os participantes a verbalizar suas reações.

Não se desvie do objetivo. Não deixe que suas idéias e opiniões influenciem a forma como você reage a outros pontos de vista.

Promova uma participação equilibrada. Freie aqueles que dominam e dê oportunidade àqueles que não estão contribuindo o suficiente. Incentive a comunicação aberta. Expresse reconhecimento aos que trazem benefícios à reunião.

Esclareça os comentários confusos. Se os participantes não se fazem entender, interrompa com habilidade e repita o ponto clara e sucintamente, ou então aguarde e depois resuma o comentário.

Capte os pontos mais importantes. Não deixe que eles se percam. Talvez você precise retornar a um ponto e explicá-lo melhor. Registre as contribuições fundamentais onde todos possam ver – num quadro, num *flip chart* ou num painel eletrônico.

Contemporize as diferenças de opinião. Não permita que os debates se transformem em conflitos que só irão dividir o grupo. Quando surgirem divergências, ajude os participantes a chegar a uma solução. Mantenha-os focados nos interesses comuns.

Ao final da reunião, faça três perguntas:

Que pontos importantes discutimos? Retome você mesmo esses assuntos ou peça que os participantes o façam.

Que tarefas foram designadas? Reveja cada tarefa: pessoa responsável, prazo de entrega e como os resultados serão informados aos participantes.

O que conseguimos realizar? Relembre o propósito da reunião e agradeça a presença de todos.

Mais três sugestões:

Seja o modelo de comportamento: Se você espera que todos sejam pontuais, você terá que chegar na hora marcada. Se quiser que se comportem de forma respeitosa, você deverá agir assim. Você deve dar o exemplo e ser o primeiro a adotar o comportamento que espera dos outros.

Não facilite: Quem falta ou chega atrasado à reunião talvez lhe pergunte o que perdeu. Não facilite as coisas para ele: sugira que pergunte a um colega. Mostre que é preciso ter responsabilidade. Depois de um certo tempo, ele vai aprender a ser assíduo e pontual.

Use regras básicas: Peça a alguns voluntários que criem regras para as reuniões de equipe, como "Seja pontual", "Esteja preparado", "Siga a pauta", "Não interrompa" e "Demonstre respeito". Faça com que o grupo discuta, elabore e adote as regras. Depois, para cada reunião, exponha-as e reforce-as.

"Numa reunião produtiva, todos os participantes expõem seus pontos de vista, discutem apenas o assunto em pauta, tratam-se com respeito e atingem seus objetivos."

SINTA-SE LIVRE E IMPROVISE

PREPARE-SE PARA AS APRESENTAÇÕES

Prepare-se para qualquer apresentação que você for fazer, sempre que possível.

Leve em consideração o seu ouvinte. Memorize: "Tenho que pensar nele, não em mim." Parta da perspectiva dele. Faça com que a apresentação seja importante para ele.

Defina seu objetivo. O que você quer que os participantes façam como resultado de sua apresentação? A sua performance deve guiar o ouvinte em direção a esse objetivo.

Resolva o que e como apresentar. O que as pessoas sabem sobre o assunto? O que você deve dizer para que seu objetivo seja atingido? Quais são os interesses e preocupações delas? O que vai fazer você se conectar com elas? O que vai motivá-las? Dois outros fatores são cruciais: tempo e local.

Selecione os pontos principais. O que você mais quer que as pessoas lembrem? Três pontos é o ideal.

Selecione material para cada assunto. O que poderá ajudá-lo a expor seu ponto de vista – exemplos, comparações, histórias, modelos, gráficos? Use o suficiente para ilustrar cada tópico – e pronto. É o bastante para o ouvinte, apresenta seu objetivo de forma clara e faz com que tudo seja feito dentro do tempo.

Crie uma transição entre os pontos importantes. Numa só frase, termine o assunto que está abordando e introduza o seguinte.

Recapitule e conclua. Resuma os tópicos principais e depois conclua a reunião de forma incisiva e positiva.

Prepare a abertura e faça um resumo. Abra seu discurso com algo que chame atenção – uma citação, dados estatísticos, perguntas de efeito, uma história, um recurso audiovisual. Jamais uma piada. Terminada a abertura, comece sua apresentação com um breve relato dos pontos principais.

Organize as etapas

- Abertura e resumo dos pontos principais
- Assunto 1 e material de apoio
- Transição
- Assunto 2 e material de apoio
- Transição
- Assunto 3 e material de apoio
- Recapitulação e fechamento

Será que, do ponto de vista do ouvinte, o andamento da sua apresentação é tranqüilo e segue uma lógica? Faz sentido? Interessa? Está de acordo com seu objetivo?

Elabore material de apoio. Gravuras e folhetos facilitam a exposição dos assuntos.

Três recomendações finais:

Escreva seu objetivo: Mantenha-o próximo a você durante toda a sua apresentação. Quanto mais específico e sucinto, melhor.

Utilize recursos para facilitar a memorização de seus pontos-chave: Tente organizá-los em forma de acrônimos, ou usando aliterações, repetindo um termo-chave ou fazendo perguntas abertas.

Não finalize a reunião com perguntas e respostas: Se você reservar tempo para perguntas, faça-o depois da recapitulação e antes do fechamento. Mantenha o encerramento sob controle de modo a terminar sua apresentação como desejado.

"Uma apresentação é a grande chance que você tem de causar impacto... Considerando-se o que você espera de uma boa performance, é melhor estar bem preparado."

FALE DE IMPROVISO

ENSAIE E APRESENTE

Ensaie a sua apresentação.

Cronometre o tempo. Preste atenção ao seu ritmo. Se a apresentação for muito importante, ensaie com algumas pessoas e peça a opinião delas.

Aqui vão algumas recomendações:

Prenda a atenção. Transmita segurança logo de início. Vá direto ao assunto. Varie o tempo e o ritmo para prender o interesse. Promova constantemente uma mudança de atividades.

Seja vigoroso e expressivo. Agindo assim, você se comunicará corretamente e irá direcionar a platéia para seu objetivo.

Use sinais verbais. Escolha palavras que comuniquem corretamente seu objetivo. Prefira frases curtas. Faça pausas periódicas para permitir que as pessoas assimilem o que você está dizendo. Evite jargão ou expressões que dificultem o entendimento. Não corra o risco de ofender alguém, ainda que com a intenção de provocar risos. Não diga nada que possa constranger os ouvintes.

Use sinais vocais. Fale alto e com clareza. Varie o timbre, o volume e o tom de voz. Fale com naturalidade como se estivesse conversando com a platéia.

Use sinais visuais. Comunique-se também por meio de expressões faciais, gestos e movimentos. Circule. Mantenha contato visual com a platéia. Caso você tenha o hábito de usar anotações, tente dominar o conteúdo de forma que só seja necessário dar uma olhada nelas de vez em quando. Fique atento a sinais visuais emitidos pelas pessoas e aproveite-os para ajustar o andamento da apresentação.

Esteja preparado para perguntas. Encare-as como sinal de que as pessoas estão prestando atenção. Perguntas geralmente indicam interesse.

Quando você estiver preparando sua apresentação, imagine possíveis perguntas e prepare as respostas. Você mesmo pode incorporar uma pergunta. Por exemplo, diga: "Você provavelmente deve estar se perguntando até que ponto essa mudança o afetará." Responda-a e estará pronto para as questões que possam surgir.

Três sugestões para ficar – ou ao menos parecer – menos nervoso:

Disfarce a ansiedade: A ansiedade pode se manifestar de várias maneiras – voz trêmula, timbre de voz estridente, ritmo acelerado, postura tensa, pouco contato visual. Procure controlar esses sinais. Escreva lembretes em suas anotações para que você mantenha a calma, olhe para as pessoas, use gestos, seja seguro e agradável e assim por diante.

Decore sua frase de abertura: Ensaie como você vai começar a apresentação. Desde o início, você vai impressionar a platéia por demonstrar confiança e interesse. E o frio na barriga vai ser menor se você tiver segurança desde o início.

Responda às perguntas corretamente: Volte sua atenção

para quem estiver fazendo a pergunta. Agradeça à pessoa. Afirmações do tipo "Você levantou um aspecto importante" demonstram que está receptivo a questionamentos. Responda sempre se dirigindo ao grupo. Jamais fique na defensiva ou discuta. Dê importância a toda e qualquer indagação.

> "Encare a apresentação como um esporte competitivo. Sua medalha é a atenção do ouvinte. O fato de as pessoas estarem assistindo não significa que estejam prestando atenção. Você precisa conquistar e prender o interesse delas."

ENVIE O MAIS RÁPIDO POSSÍVEL

MANDE E-MAILS MAIS OBJETIVOS

Mande e-mails de maneira mais eficiente.

Restrinja cada mensagem a apenas um assunto. Um e-mail que trate de um tema só é mais fácil de ler e traz melhores resultados.

Use saudações e despedidas informais. Inicie com o nome do destinatário e termine com algo do tipo "Um abraço" ou "Obrigado".

Comece com o que é mais importante. Depois forneça detalhes.

Seja breve.

E se vier a público? Jamais escreva em um e-mail o que você não escreveria numa carta que fosse parar nos arquivos da empresa. Nunca veicule em um e-mail conteúdo inapropriado ao ambiente de trabalho.

Use texto de fácil leitura. Adote um estilo convencional. Faça parágrafos curtos e dê um espaço entre os parágrafos. Use asteriscos ou outros marcadores para destacar os pontos principais. Escreva com maiúsculas e minúsculas, como numa carta. Evite usar negrito, itálico e sublinhado. Escolha uma fonte de tamanho suficiente para facilitar a leitura.

Forneça seus contatos. Coloque seu número de telefone, fax e endereço. Verifique se seu programa de e-mails tem a opção de criar assinaturas. Elas são previamente elaboradas e inseridas automaticamente em toda mensagem enviada.

Leia em voz alta. Será que sua comunicação está eficaz o bastante para provocar a reação desejada?

Revise. Caso você necessite ler uma frase duas vezes para entendê-la, reescreva-a.

Cheque regularmente sua caixa de e-mails. Não espere, porém, que seus destinatários ajam da mesma forma. Responda aos e-mails recebidos o mais rápido possível. Caso isso não seja possível, ao menos acuse o recebimento.

Ao responder, mantenha o assunto. Atenha-se ao tema. Se você tiver algo a dizer sobre outro assunto, mande outro e-mail.

Obedeça à política de e-mails. Nunca veicule mensagens que contenham uma destas características:

- Assuntos confidenciais da empresa.
- Material protegido por direitos.
- Conteúdo obsceno, difamatório ou preconceituoso.

Seguem três sugestões para o uso eficiente do correio eletrônico.

Enderece com critério: Se você for enviar um e-mail para mais de uma pessoa, escolha o lugar adequado para preencher o endereço. Quando você coloca o nome dos destinatários nos campos "Para" ou "Cc", eles saberão que outras pessoas também vão receber aquela mensagem. Mas se usar o "Cco" (cópia oculta), os endereços colocados ali serão invisíveis para os demais. Certifique-se de que você quer realmente enviar o e-mail para cada destinatário que estiver listado.

Preencha o campo "assunto" de maneira informativa e interessante: Você deverá comunicar o objetivo de sua mensagem e chamar a atenção do destinatário.

Não seja apressado: Os e-mails são uma ferramenta rápida e prática, mas podem ser perigosos se por algum motivo você escrevê-los com muita pressa. Leia sua mensagem com todo o cuidado várias vezes. É isso mesmo que você quer dizer?

"Sempre que surge uma nova tecnologia *(high tech)*, deve haver em contrapartida uma resposta de natureza humana que aumente a qualidade do contato entre as pessoas *(high touch)*. Ou então a tecnologia será rejeitada."

JOHN NAISBITT, *MEGATENDÊNCIAS*

"Para nos comunicar com clareza e eficiência, devemos entender que somos todos diferentes na maneira como percebemos o mundo e usar esse entendimento como um guia para nossa comunicação com os outros."

ANTHONY ROBBINS, *PODER SEM LIMITES*

Conheça outros títulos da Coleção Desenvolvimento Profissional

Como administrar seu tempo

MARC MANCINI

O livro apresenta dicas práticas para ajudá-lo a organizar sua agenda, suas prioridades e sua vida – e, conseqüentemente, torná-lo mais produtivo e menos estressado. Baseado em situações reais, ele ensina técnicas de administração do tempo para que seu trabalho renda mais e você não se sinta tão esgotado ao final do dia.

Aprendendo a lidar com pessoas difíceis

DR. RICK BRINKMAN E DR. RICK KIRSCHNER

Esse livro ensina a extrair o melhor das pessoas difíceis. Com a ajuda de técnicas eficazes, os autores mostram o caminho das pedras – o aprendizado da convivência em grupo, independente das diferenças – e os atalhos para impedir que as pessoas que lhe incomodam enfraqueçam seu desempenho no trabalho e na vida pessoal.

Como motivar sua equipe

ANNE BRUCE

Os executivos bem-sucedidos percebem que o bom desempenho de sua empresa depende da eficiência da equipe. Por isso, investem no talento de cada colaborador. Conheça nesse livro exemplos de empresas de sucesso e suas estratégias.

Networking: Desenvolva sua carreira criando bons relacionamentos

DIANE DARLING

Esse livro se baseia na idéia de que todo mundo pode aprender a fazer networking de maneira eficaz. Ele traz 24 dicas para desenvolver um programa de ações com pessoas que conhece, além de um planejamento estratégico para você conseguir o que deseja.

O manual do novo gerente

MOREY STETTNER

O manual do novo gerente fornece valiosas sugestões e dicas para que você se integre à sua equipe enquanto a estimula a conquistar performances e resultados surpreendentes. Dê a si mesmo a oportunidade de ser bem-sucedido e aprenda como conquistar o respeito de seus colaboradores e de seus supervisores.

Por que os clientes não fazem o que você espera?

FERDINAND FOURNIES

Simples e direto, esse livro ensina a gerenciar cada uma das etapas do processo de vendas e a direcionar o cliente para a ação. Ele ajudará você a reconhecer e resolver os 24 problemas e objeções mais comuns que ocorrem nessa área.

Como ser um vendedor de sucesso

LINDA RICHARDSON

Mais importante do que aquilo que você *diz* aos clientes é a maneira como você *escuta* o que eles têm a dizer. A autora apresenta um programa de seis passos, que ensina como escutar os clientes e descobrir suas necessidades. Você vai aprender a agregar valor, apresentar novos enfoques e atender às demandas específicas.

Como se tornar mais organizado e produtivo

KEN ZEIGLER

Esse livro apresenta uma série de ferramentas, idéias e dicas para você planejar seu cotidiano de maneira inteligente. Ensina também a desenvolver um planejamento diário e mensal que irá reduzir a tensão dos prazos e ajudá-lo a manter uma rotina produtiva.

Os princípios de liderança de Jack Welch

JEFFREY A. KRAMES

Jack Welch comandou a General Electric e reescreveu as regras de liderança ao propor que os colaboradores dissessem o que precisava ser feito. Cheio de sugestões e idéias práticas, esse livro ensina como uma liderança inovadora como a dele pode incentivar as pessoas a contribuir mais, encontrar satisfação na carreira e criar um ambiente de trabalho transformador e estimulante.

Informações sobre os próximos lançamentos

Para saber mais sobre os títulos e autores
da EDITORA SEXTANTE,
visite o site www.sextante.com.br,
curta a página facebook.com/esextante
e siga @sextante no Twitter.
Além de informações sobre os próximos lançamentos,
você terá acesso a conteúdos exclusivos e poderá participar
de promoções e sorteios.

Se quiser receber informações por e-mail,
basta cadastrar-se diretamente no nosso site
ou enviar uma mensagem para
atendimento@esextante.com.br

www.sextante.com.br

facebook.com/esextante

twitter: @sextante

Editora Sextante
Rua Voluntários da Pátria, 45 / 1.404 – Botafogo
Rio de Janeiro – RJ – 22270-000 – Brasil
Telefone: (21) 2538-4100 – Fax: (21) 2286-9244
E-mail: atendimento@esextante.com.br